"SOUTER."

THE 31-27 LINE.

I.

IN the course of a very pleasant series of games which I had with Mr T. W. Walker, of Edington Hill, some time ago, one of the games played was a "Souter," in which Mr Walker, playing white, adopted this line, and the result being a draw expressed the opinion that I should have won it by different play, and proposed to take the black side and win against me. I agreed, and the result was a draw, when Mr Walker pleasantly remarked that if he did not know so much as I did about that line, he at least knew more then than he did before.

As there are, no doubt, many more who are of the opinion that black should win after that move is made, I think a few remarks on the subject may not be out of place, the more so as the majority of your readers may not have the same facilities for reference which are open to me.

In the first place, then, this line is formed by playing 31-27 at the 20th move, as will be seen by referring to the game and diagram below—

"SOUTER."

11 15	6 9	8 11	24 20	11 15	21 14
23 19	17 13	29 25	15 24	27 24	9 18
9 14	2 6	4 8	28 19	14 17	31 27
22 17	25 22				

Black 1, 3, 5, 6, 7, 8, 10, 12, 15, 18.

White 13, 19, 20, 22, 24, 25, 26, 27, 30, 32.

—and for some reason has always been in disfavour with experts.

From the time of Sturges to the present there is no account of its ever having been adopted in any important match; and in Gould's book—containing as it does, Match, Miscellaneous and Remarkable games, by the most celebrated players of the Old and New Worlds—there is not one solitary example of this line of play. Sturges' book published in 1800 gave no play for a draw after 31-27, thus considering it a losing move, an opinion which has been either actively or passively endorsed by each of the authors in turn, until 1860, when "Spayth's American Draught Player" first gave play for a draw. Sinclair, 1832, gave no play on the game. Drummond's first edition, 1838, gave play on the game, but none on that line. Hay, 1838 and 1862, seems to have made the "Souter" a specialty, as he wrote some 1500 vars. on it, yet gave no play on that particular line, contenting himself with remarking as a note to the alternative move—26-23—"any other move loses." Anderson, in neither his 1st edition, 1848, nor 2nd, 1852, gave any play on this line. Drummond in his second edition, 1853, gave several vars. on this line, but all shewing black wins. He at least struck on the correct move for a draw by 20-16, but giving weak play for white later on allowed black to win. The A.D.P. then in 1860, varying from Drummond's play, shewed a draw, and the latter, when he published his 3rd edition, in 1861, gave no play on it; in his 4th edition, 1866, he professed to beat the A.D.P. and sustain the black win, but "Hotspur" in the old series of the Draught Board, 1869, drew his play very easily.

Little more was heard of it until about 16 years ago Mr J. Roberts, of Troqueer, sent a game he had played with a friend, in which he had made that move and drawn, to the *Glasgow Herald*, asking if Black could force a win. For answer the following week the var. from Drummond's 4th, before referred to, was published. He, simultaneously with Mr R. Home, of Glasgow, corrected it by the same play which "Hotspur" had previously published.

A short time afterwards Mr R. Walker gave some play on it, saying he "had hopes of making out a win for Black, but the sequel had not fulfilled his expectation." He, however, considered that he had got it so near that White had only one move to draw. Next week "Perth" sent a lot of play shewing draws in abundance. Mr R. Fraser then advanced to the attack with fresh play for a Black win, and along with him Mr R. W. Gibson of Liverpool, but they were beaten by Messrs Robertson, M'Culloch, J. Roberts, and H. Tonkin, who showed draws on their play.

The subject was allowed to drop for nearly a year, when, once more, the query—Can Black win?—was asked, this time by Mr R. M'Culloch, who had been shewn a new move by Mr M'Kerrow that he thought would "win against every combination on the part of White." The following week "J.F.," Glasgow; "Dundonian," R. Home, J. Roberts, and " J.D.," Glasgow, came out with draws, which M'Culloch reluctantly admitted, still thinking there was a win.

It is to be concluded that he eventually gave up all hope of forcing a win, for in 1878, when he published his " Anderson," he introduced this line with play for a draw. Meanwhile our American cousins were not without exhibiting symptoms of curiosity on the point, nor were they prepared to accept the verdict of the old world experts without due investigation. Accordingly we find the late R. E. Brown, A. J. Heffner(since champion), R. A. Davis and others, trying their by no means "'prentice hands" on the solution of this knotty question, with the result that the draw was established to their entire satisfaction,

It is curious to notice the different treatments which two apparently simple moves—with nothing in particular to commend one more than the other to favourable criticism—have received. The move under consideration is one; originally given as a loss, it got a bad name, and when a draw was shown people would not credit it, but attacked it on all sides, and seemed quite annoyed and out of temper because they could not upset it. The other move I refer to has a much longer record. Originally published in a Spanish work on the game nearly two centuries and a half ago, then published in a position by Wyllie, the champion of the world, as a White win, 30-25, at the 10th move of the game, at least seemed good enough for a draw, and was so considered and played all over the world until eleven or twelve years ago, when Dr Purcell demonstrated its unsoundness.   Various players tried to draw his play, and the late W. Strickland, in correcting one attempt, says—" I should feel rather pleased than otherwise if a draw could be shown on the 30-25 line of the " Souter."   Only about three months age I noticed an attempt made in the *Herald* to bolster it up, but it was futile.   What strikes me as peculiar is that the sound move should be so persistently persecuted as it were, and the unsound one should be aided and assisted and sympathised with on all hands.

In the play which follows I have given all the information I can find or think necessary.   With each var. will be found the source, date, and name of author or players.

I at first intended to give the play according to priority of publication, but that I think would tend to obscure it, and with the explanation I have already given players will have no difficulty in following the course of it.

We will now continue from the position on diagram

1- 5 9	9 14	8 11	3 8	12 19	8 12
9-26 23	32 28	30 26	19 16	23 16	B. wins.

Sturges 1800.

1

10 14	* 7 10	9 14	22 29	22 18	12 16
19 10	14 7	19 15	20 16	11 7	4 8
· 6 15	3 10	10 19	29 25	6 10	16 20
2-26 23	32 28	24 15	16 11	7 2	Drawn.
4- 1 6	15 18	14 17	25 22	18 15	R. Walker,
8-22 17	24 19	28 24	11 4	2 6	*G. Herald,*
14 21	5 9	17 22	18 23	15 24	6/2/75
23 14	27 24	24 19	15 11	6 15	

* Best.   If 15-18, 30-26, 21-30, 24-19, 30-16, 20-2, and Black must play carefully to draw. If 6-10, then 14-9, 5-14, 30-26, 21-30, 13-9, and White should win, R. W.

2

13 9	26 23	A9 6	2 6	30 23	16 11
8-14 17	3 8	1 10	17 21	15 22	10 14
22 13	23 19	5 1	6 9	23 19	B. wins.
5 14	16 23	10 14	29 25	7 10	R. Walker,
13 9	B25 22	1 6	9 14	32 28	*Herald,*
8 11	18 25	14 17	25 22	11 15	6/2/75.
9 5	27 9	6 2	14 18	20 16	
12 16	25 29	8 12	22 26	15 18	

A 32-27, 8-12, 27-23, 12-16, 9-6, 1-10, 5-1, 15-18, B. wins.—R.W.

B 20-16, 11-20, 25-22, 18-25, 27-2, W. wins.—Several, *Herald,* 13/2/75.

3

7 11	20 16	20 27	23 19	26 23	16 11
26 23	11 20	32 23	25 30	17 10	14 17
12 16	25 21	25 29	26 22	5 14	21 14
23 19	18 25	30 26	30 26	19 16	18 9
16 23	27 4	29 25	22 17	23 18	B. wins.

"Perth" *Herald,* 13/2/75.

4

15 19	30 23	3 7	7-21 17	30 26	27 24
24 15	7 11	23 19	22 26	15 10	18 22
5 9	22 15	14 17	17 14	7 11	7 2
13 6	11 18	25 21	26 30	10 7	23 18
1 26	5-32 28	17 22	19 15	26 23	Drawn.

"Perth" *Herald,* 13/2/75.

5

27 24	25 22	13 9	1 6	20 16	2 4
18 27	21 25	30 26	17 14	11 20	Drawn.
32 23	22 17	9 5	6 2	18 15	A. Sheehan
14 17	25 30	26 22	6-14 10	10 14	*A. C. Review*
24 19	17 13	5 1	23 18	15 10	G. 37, v. 1
17 21	8 11	22 17	3 8	14 7	15/8/88.

6

3 8	2 7	15 19	4 8	28 32	7 10
A23 18	11 15	7 11	24 28	3 7	W. wins.
14 16	20 4	19 24	8 3	32 28	C. Hefter,

A. C. Review, Game 37, vol. 1.

A—2-7, 14-9, 7-16, 9-14, B. wins. C. Hefter.

7

27 24	19 16	24 15	Busby.
22 26	12 19	Drawn.	I. Barker.

Boston Globe,
Game 1421, 27/6/82.

8

*23 19	15 29	32 27	29 25	19 15	9 13
A6 10	6 2	29 25	6 2	11 18	10 6
13 9	B10 15	27 23	25 22	14 23	13 17
8 11	19 10	25 29	23 19	7 10	30 26
9 6	7 14	10 14	22 17	24 19	W. wins,
14 17	2 6	29 25	2 7	10 14	"Perth,"
22 13	14 17	13 9	17 10	19 15	*Herald,*
18 23	6 10	25 29	7 14	5 9	13/2/75.
27 18	17 21	9 6	3 7	15 10	

*—Improves var. 1.—"Perth."

A—7-10, 20-16, 3-7, 25-21, 18-25, 16-11, 7-23, 27-2, W. wins.—"Perth."

B—10-14, 2-6, 14-17, 32-28, W. wins.—"Perth."

9

27 23	9 14	21 17	3 8	19 3	*American*
18 27	25 21	14 21	18 14	11 15	*D. Player*
32 23	8 11	23 18	10 17	B. wins	1860.

II.

11 15	24 20	7-10 14	24 20	19 26	19 24
23 19	15 24	19 10	8 11	4 8	18 15
9 14	28 19	12 28	15 8	26 30	24 27
22 17	11 15	22 15	6 15	25 21	14 18
6 9	27 24	7 11	8 4	1 6	21 17
17 13	14 17	6-26 22	18 23	8 11	6 10
2 6	21 14	11 18	20 16	30 25	27 31
25 22	9 18	22 15	23 26	2-11 15	18 22
8 11	31 27	14 18	30 23	25 22	31 27
29 25	5 9	27 24	15 19	1-15 19	B. wins
4 8	20 16	9 14	3-16 12	22 18	

Drummond's 2nd Edition 1853.

1

32 27	28 32	19 16	24 20	11 7	*Ayrshire*
22 26	24 19	28 24	12 8	Drawn.	*Post,*
27 24	32 28	16 11	3 12	J. Lees.	1/9/83.

2

12 8	11 7	7 2	2 6	6 10
3 12	6 10	10 15	14 18	Drawn. A. Bryce.

Glasgow Herald, 15/3/84.

3

23 18	23 27	22 18	1 6	4 8	23 18
14 23	32 23	28 32	16 12	27 23	B. wins.
25 22	19 26	4-18 15	32 27	8 11	

Drummond 2nd Edition.

4

5-13 9	18 14	14 10	16 12	0 6	6 2
32 27	27 23	23 19	19 15	16 11	B. wins.

Drummond 2nd Edition.

5

18 14	27 23	11 7	18 15	6 9	Drummond
32 27	16 11	26 31	2 6	31 26	2nd
14 10	23 18	7 2	15 11	B. wins.	Edition.

6

27 24	22 6	21 17	32 23	23 18	14 9
11 18	14 18	8 11	11 15	15 10	18 14
26 22	6 1	17 13	10 19	22 17	17 13
6 15	18 23	31 27	24 15	27 23	7 11
13 6	1 6	6 10	30 26	18 14	B. wins.
1 10	24 27	27 24	28 32	3 7	*American*
24 19	25 21	13 9	26 22	9 5	*Draught*
15 24	27 31	23 27	32 27	23 18	*Player,*
					1860.

7

9 14	24 20	15 18	13 6	25 29	10 14
25 21	16 19	26 22	1 19	15 10	26 22
18 25	20 16	24 27	11 15	14 18	14 17
16 11	19 24	22 15	19 24	21 17	W. wins.
7 23	16 12	27 31	15 19	18 23	*A. D. P.,*
10-27 4	10 15	8- 8 11	24 28	17 13	1860.
12 16	4 8	A 6 9	19 15	31 26	

A 31-26, 30-23, 6-9, 13-6, 1-26, 32-27, drawn.—T. Brown, *Leeds Weekly Draught Player*, vol. 3, page 156.

8

15 11	3 10	11 7	25 22	3 8	22 25
9-25 29	8 11	29 25	8 3	25 22	21 17
11 7	1 5	12 8	22 25	8 11	W. wins.

Supplement to *A. D. P.*, 1863.

9

14 18	11 7	18 23	10 14	6 15	W. wins.
21 17	3 10	11 7	17 10	7 10	Sup.
25 29	8 11				*A. D. P.*

10

27 2	28 19	17 10	7 11	15 22	22 17
10 14	8 11	11 15	15 18	27 31	29 25
32 28	26 22	19 16	11 15	21 17	10 7
25 29	29 25	12 19	24 27	31 27	
24 19	22 17	2 7	30 25	17 14	Drawn.
15 24	11-25 22	19 24	22 29	27 23	R. Walker.

Glasgow Herald, Game 379, 6/2/75.

11

11 16	2 6	23 27	21 17	3 10 R. Walker,
17 10	25 22	9 14	32 27	14 7 *Herald,*
16 23	6 9	27 32	10 7 Drawn.	6/2/75.

III.

11 15	4 8	5 9	1 5	17 26	18 22
23 19	24 20	20 16	6-23 19	30 16	12 8
9 14	15 24	10 14	3 7	7 10	15 18
22 17	28 19	19 10	19 16	6 2	10 14
6 9	11 15	12 28	4-8 12	2-15 19	19 23
17 13	27 24	22 15	3*15 10	2 6	8 3
2 6	14 17	14 17	6 15	10 15	22 25
25 22	21 14	25 21	13 6	6 10	32 27
8 11	9 18	7 14	12 19	14 18	Drawn.
29 25	31 27	27 23	26 22	1-16 12	R. Walker.

Glasgow Herald, 6/2/75.

*** Only move to draw.—R. Walker.**

1.

16 11	11 8	10 26	7 2	24 20	12 8
18 22	9 13	30 23	15 10	27 23	14 9
10 14	8 3	8 11	32 27	20 16	8 3
22 26	26 30	23 19	28 32	23 18	9 5
14 10	3 8	11 7	27 24	16 12	3 7
5 9	19 23	19 15	32 27	18 14	Drawn.

"Perth" *Herald,* 13/2/75.

2.

5 9	14 18	15 19	23 26	14 17	"Perth"
2 6	11 7	7 3	7 11	21 14	*Herald.*
9 13	10 14	19 23	26 31	18 23	13/2/75.
16 11	6 9	3 7	11 15	Drawn.	

3.

15 11	11 2	21 14	26 17	2 9	B. wins.
12 19	14 18	18 22	9 18	5 21	R. Walker.

Herald, 6/2/75.

4.

7 10	19 24	24 27	9 18	18 25	R. Walker.
16 12	5-3 7	32 23	10 1	30 21	*Herald,*
10 19	14 18	18 27	27 31	Drawn.	6/2/75.
12 3	21 14	7 10	26 22		

5.

3 8	32 23	23 14	11 15	15 18	Drawn.
14 18	18 27	27 31	27 23	6 10	"Perth"
21 14	26 23	8 11	14 9	18 27	*Herald,*
24 27	9 18	31 27	5 14	28 32	13/2/75.

6

7-23	18	3	7	19	16	23	26	30	23 R. Walker,
14	23	21	14	18	23	12	3	10	26 *Herald.*
26	19	9	18	16	12	7	10	B. win.	6/2/75

7

15	10	15	18	2	6	31	27	10	15 R. Walker,
6	15	a23	19	26	31	19	15	18	22 *Herald.*
13	6	18	22	b23	18	11	18	15	18 6/2/75.
8	11	26	23	14	23	6	10	22	26
6	2	22	26	21	14	27	31	B. wins.	

a 2-6, 18-27, 32-23, 28-32, 6-9, 32-27, 9-18, 27 31, B. wins.   R. W.

b If 6-9, then 31-27, B. wins.   R. Walker.

IV.

11 15	4 8	5 9	3 7	1·24 27	15 19
23 19	24 20	20 16	20 16	22 17	11 15
9 14	15 24	10 14	6- 7 10	27 31	▲31 26
22 17	28 19	19 10	16 12	17 10	15 24
6 9	11 15	12 28	10 19	6 15	26 31
17 13	27 24	22 15	12 3	13 6	24 20
2 6	14 17	14 18	19 24	1 10	Drawn.
25 22	21 14	7-27 24	26 22	3 7	Supple-
8 11	9 18	7 14	18 23	10 14	ment
29 25	31 27	24 20	25 21	7 11	A.D.P.
					1863.

▲ 19-24, 15-18, 24-27, 18-9, Drawn. J. Roberts, *Glasgow Herald*, 19/12/74.

1

1 5	3-24 27	27 31	23 27
22 18	2- 3 7	18 15	Drawn. M. Atkinson.

Leeds Mercury Supplement 26/1/89.

2

18 15	3 7	32 23	21 14	7 10 Drawn,
27 31	23 27	14 17	9 27	D. Millar.

Cincinnatti Commercial 2/83.

3

a23 27	24 28	28 32	6 10	5 14 Barnes v.
32 23	8 12	20 16	13 6	2 6 Morrison.
28 32	28 32	32 28	32 28	10 15 *Boston*
4-3 8	12 16	16 20	18 9	6 10 *Globe.*
32 27	32 28	28 32	27 25	Drawn. 22/8/77.
30 25	16 20	25 22	6 2	

a 24-27, 2-7, 27-31, 18-15, drawn. Jas. Hay, *Blyth News.* 31/3/83.

4

5-30 25	25 22	13 6	18 9	6 2	2 6
32 27	6 10	24 28	27 25	5 14	Drawn.

Jas. Hay, *Blyth News.* 31/3/83.

5

```
30 26    26 22    13  6    18  9     6  2    2  6
32 27     6 10    24 28    27 25     5 14  Drawn.
                                          Riley v. Walker.
```

6

```
 8 12    19 24   a24 27     6 15    10 14    31 27
15 11    26 22    22 17    13  6     7 11    30 26
12 19    18 23    27 31     1 10    14 18  Drawn.
11  2    25 21    17 10     2  7    21 17  "Perth."
                                    Glasgow Herald.  13/2/75.
```
a 1-5, 22-18, 24-27, 2-7, 27-31, 18-15 drawn. "Perth."

7

```
   26 23   *7 11     7  3    22 25    27 23    25 22
    7 14    13  9     8 12    15 18    25 29    31 27
13-25 21     6 13     3  8    25 29    23 19    22 17
11- 3  7    15 10    11 16    18 22    16 23    27 31
 9-21 17  8-13 17     8 11    12 16    18 27  Drawn.
   14 21    10  7    16 20    22 18    29 25     G.
   23  5    17 22    11 15    29 25    27 31 Summers.
                                     Blyth News.  2/7/87.
```

* J. M'Callen, Game 390, *Blyth News*, 10/3/83,
leaves off here as a Black win.

Also, A. Bryce. Game 1667, *Glasgow Herald*. 15/3/84.

8

```
 8 12     8 11    12 16    22 26    25 22     7  2
10  7    16 20    27 23    32 27    14 10  Drawn.
13 17    11 15    20 24    23 19    22 17  Sharp v.
 7  3    22 25    23 18    16 23    10  7  Boyd.
17 22    15 18    24 27    26 19    17 14  Game 36,
 3  8    25 29    32 23    29 25    19 15    vol. 2,
11 16    18 22    28 32    18 14    14  9  D.P.W.
                                            Mag.
```

9

```
10-30 25    23 19    27 18  B. wins.    Blyth
   7 10    18 23    16 23 J. M'Callen.  News. 10/3/83.
```

10

```
23 19    14 23    16 12     7 10  B. wins.  Cincin-
18 23    19 16    23 26    30 23 D. Millar.   natti
27 18     9 14    12  3    10 26          Commercial,
                                          Feb. /83.
```

11

18 22	23 18	28 32	21 14	9 14	Game 36,
15 10	14 23	12-27 23	22 26	16 12	vol. 2,
6 15	*27 4	32 27	30 23		B. wins. *D.P.W.*
13 6	10 14	23 19	27 9		R. Fraser. *Mag.*,
1 10	32 27	14 17	19 16		5/9/85.

* J. M'Callen, Game 390, *Blyth News*, leaves off
here as B. wins.

12

| 27 24 | 24 19 | 30 23 | 19 16 | B. wins. *Herald,* |
| 32 27 | 22 26 | 27 18 | 18 23 | R. Marshall. 5/4/84. |

13

30 26	14-8 12	23 5	25 30	22 17	M. Atkin-
3 7	21 17	21 25	26 22	26 23	son, *Leeds*
25 21	14 21	27 24	30 26		B. wins. *Mercury,*
					26/1/89.

14

7 11	6 15	1 10	14 21	B. wins. *Cincin-*
15 10	13 6	21 17	23 7	D. Millar. *nati*
				Commercial.

V.

11 15	4 8	5 9	8 12	3 12	14 17
23 19	24 20	20 16	15 11	2-11 7	10 14
9 14	15 24	10 14	1 5	6 10	18 23
22 17	28 19	19 10	11 8	1-7 2	
6 9	11 15	12 28	14 17	17 22	B. wins,
17 13	27 24	22 15	8 4	26 17	R. Fraser,
2 6	14 17	14 18	12-9 14	14 21	*Glasgow*
25 22	21 14	27 24	10-4 8	2 6	*Herald,*
8 11	9 18	7 14	9-12 16	10 14	24/4/75.
29 25	31 27	24 20	20 11	6 10	

1

25 21	22 26	23 19	24 27	6 9	Drawn,
18 22	7 2	15 24	2 6	14 18	Robertson's
26 23	10 15	30 23	27 31	21 14	Guide.

2

4-11 8	10 15	26 23	26 31	23 19	18 15
6 10	8 3	22 26	17 26	26 23	11 8
25 22	15 18	3-7 10	31 22	19 15	12 16
18 25	3 7	17 22	21 17	23 18	B. wins.
30 21	18 22	10 17	22 26	15 11	R. Fraser.

3

23 19	17 22	10 26	23 18	8 4	R. Fraser,
26 30	7 10	30 23	11 8	15 11	*Herald,*
19 15	12 16	15 11	18 15	B. wins.	24/4/75.

4

25 22	26 23	21 17	32 27	11 7	9 14
18 25	22 25	22 26	16 20	20 24	11 7
30 21	7 10	23 18	27 23	7 2	
8- 6 10	12 16	26 22	28 32	19 15	B. wins,
7-11 8	10 6	5-18 14	23 19	2 6	W. Strick-
10 15	25 29	22 25	32 27	15 11	land,
8 3	6- 6 9	14 10	19 15	14 9	*Sunderland*
15 18	17 22	25 21	27 23	5 14	*Times,*
3 7	9 25	17 14	15 11	6 9	15/11/78.
18 22	29 22	21 17	23 19	14 18	

5

18 15	15 11	11 7	7 3	3 8	B. wins,
22 18	18 15	15 10	16 19	19 23	Strickland,

Sunderland Times, 15/11/78.

6

6 10	10 6	6 9	23 14	32 27	B. wins.
29 25	25 22	14 18	22 8	16 20	Strickland.

Sunderland Times, 15/11/78.

18

7

13 9	15 18	26 23	17 22	9 18	*Sunderland*
10 15	6 2	22 26	6 9	Drawn	*Times,*
9 6	18 22	2 6	22 25	J.	15/11/78.

Illingworth.

8

12 16	7 2	15 18	9 6 Drawn	*Sunderland*
11 7	10 15	6 9	19 24	J. *Times,*
6 10	2 6	16 19	26 23	Illingworth 15/11/78

9

6 10	3 12	10 15	15 24	27 31	
25 21	11 7	7 2	30 23	6 9	
12 16	18 22	22 26	24 27	14 18	Drawn.
20 11	26 23	23 19	2 6	23 14	Robertson.

10

11-25 21	23 19	a- 8 11	23 18	21 17	R. Fraser.
18 22	26 31	22 26	14 23	3 7	*Herald,*
26 23	4 8	30 23	19 15	B. wins. 24/4/75.
22 26	17 22	31 27	27 31		

a 19-16, 12-19, 30-26, 3-12, 26-1, Drawn—M'Culloch.
—*Herald,* 1/5/75.

11

25 22	30 21	13 9	9 6	21 14	B. wins.
18 25	6 10	3 7	14 18	10 17	R. Fraser,

Herald, 24/4/75.

12

17 21	12 16	24 27	21 30	27 23	17 21
4 8	3 7	32 23	22 18	19 16	B. wins.
12 16	16 20	18 27	28 32	23 19	R. W.
20 11	13–7 11	6 2	18 9	16 12	Gibson,
3 12	6 10	27 31	5 14	10 15	*Herald,*
11 7	*13 9	26 22	23 19	7 10	24/4/75.
9 14	20 24	31 26	32 27	14 17	
7 3	9 6	30 23	11 7	10 14	

* 32-27 Drawn.—Robertson, *Herald,* 1/5/75.

13

26 22	25 22	18 9	2 6	30 23	Robertson,
18 23	20 24	5 14	10 15	31 26	*Herald,*
22 17	22 18	7 2	17 10	Drawn. 8/5/75.
a-6 10	24 27	27 31	23 26		

a If 14-18 then 7-11, and W. wins.—Robertson.

VI.

11 15	4 8	5 9	9- 8 12	16 19	30 26
23 19	24 20	20 16	7-15 11	26 22	7 11
9 14	15 24	10 14	1- 1 5	18 23	19 24
22 17	28 19	19 10	25 21	22 17	
6 9	11 15	12 28	12 16	14 18	B. wins,
17 13	27 24	22 15	A11 8	11 7	R. Fraser,
2 6	14 17	14 18	3 12	23 26	*Glasgow*
25 22	21 14	27 24	20 11	7 2	*Herald,*
8 11	9 18	7 14	12 16	26 30	24/4/75.
29 25	31 27	24 20	30 25	2 7	

A 11-7, 3-10, 20-11, 10-15, 32-27, drawn.

J. Roberts and H. Tonkin, *Herald*, 1/5/75

1

12 16	11 7	18 23	2 7	14 17	23 19
11 7	15 19	25 21	27 31	21 14	Drawn,
3 10	7 2	1 5	18 15	9 27	T. Finn,
20 11	19 24	22 18	2-23 26	32 23	"Board,"
3-10 15	26 22	24 27	30 23	31 27	18/2/86.

2

23 27	9 27	32 27	27 23	18 15	Drawn,
32 33	7 10	30 25	21 17	11 7	T. Finn,
14 17	27 32	31 26	23 18	26 22	"Board,"
21 14	10 1	25 21	15 11	7 2	18/2/86.

3

1 5	3 7	14 17	10 1	25 29	
1] 8	19 24	18 15	17 22	1 6	T. Finn,
10 15	26 22	9 14	25 21	18 22	"Board,"
8 3	18 23	7 10	22 25	6 10	18/2/86.
4-15 19	22 18	14 18	21 17	W. wins	

4

14 17	5- 6 10	5 14	15 18	22 26	31 27
3 7	25 22	?0 21	9 6	6 2	23 19
9 14	18 25	10 15	18 22	26 31	W. wins.
7 11	11 9	13 9	26 23	2 6	T. Finn.

5

5 9	30 21	18 22	22 26	14 23	W. wins.
25 22	6-15 18	26 23	23 18	21 5	T. Finn.
18 25	11 15				

6

15 19	19 24	17 22	22 26	26 31	W. wins.
11 15	26 23	15 18	18 22	22 17	T. Finn.

7

25 21	3 8	13 6	18 23	2 6	*Glasgow*
8-*a*-1 5	15 10	15 19	6 2	Drawn	*Herald*
30 25	6 15	26 22	23 26	B.	1/5/75.

Woolhouse,

a 3-7 is stronger and, we think, sustains the Black win.—*Draughts Editor Herald.*

8

3 7	11 7	23 26	16 12	26 19	*Sunderland*
30 25	16 19	2 7	30 26	25 22	*Times,*
7 10	7 2	19 23	22 17	19 15	Game 32,
15 11	18 23	20 16	23 27	B. wins 8/11/78.
12 16	26 22	26 30	32 23	R. Graham.

9

10- 8 11	1 5	14 18	19 15	26 30	Jas. Hay,
15 8	30 25	21 17	23 26	15 10	*Blyth News*
3 12	18 23	18 23	25 21	Drawn. 31/3/83.
25 21	26 19			

10

18 23	9 14	19 23	26 22	26 23	27 24
26 19	16 11	8 4	32 27	24 20	11 7
14 18	12 16	23 26	22 26	23 18	Drawn,
20 16	19 12	4 8	15 10	17 13	T. Finn.
8 12	6 9	26 31	14 18	28 32	"Board,"
25 22	13 6	8 11	21 17	20 16	Game 89,
18 25	1 19	31 26	18 22	32 27	18/2/86.
30 21	11 8	11 15	27 24	16 11	

VII.

11 15	24 20	10 14	30 21	18 22	1-13 9
23 19	15 24	19 10	9 14	16 12	32 23
9 14	28 19	12 28	27 24	22 25	9 2
22 17	11 15	22 15	10-8 11	4 8	23 18
6 9	27 24	7 11	15 8	25 30	15 10
17 13	14 17	26 22	6 15	8 11	14 17
2 6	21 14	11 18	8 4	30 26	21 14
25 22	9 18	22 15	1 6	7-11 15	18 9
8 11	31 27	14 18	24 20	26 22	Drawn,
29 25	5 9	25 22	15 18	6-32 27	A.D.P.,
4 8	20 16	18 25	20 16	3-28 32	1860.

1

27 24	20 16	11 8	4 8	12 8	15 18
22 26	28 24	20 16	22 26	3 12	Drawn,
2-24 20	16 11	8 4	8 4	4 8	A.D.P.
32 28	24 20	26 22	26 31	16 11	

2

15 19	24 28	28 32	8 4	24 27	18 24
32 29	31 26	27 23	16 11	22 25	16 20
24 20	16 11	4 8	23 19	27 23	14 7
26 31	26 23	23 18	14 18	25 29	3 10
19 24	11 8	32 27	21 17	23 18	8 3
27 23	23 19	18 15	11 16	29 25	21 14
20 16	8 4	27 23	19 24	4 8	B. wins.
23 27	19 16	15 10	18 22	25 21	A.D.P.

3

22 26	4-32 28	24 20	26 22	2 9	17 26
27 24	20 16	12 8	7 2	22 18	Drawn,
28 32	28 24	3 12	14 17	15 22	A.D.P.
24 20	16 11	11 7			

Also Cowan and Bruce, game 538, *Northern Leader*, 2/12/87.

4

26 31	27 24	27 32	24 19	19 15	18 23
20 16	A11 8	4 8	15 24	16 20	21 17
32 27	31 27	32 28	28 19	14 18	6 10
16 11	8 4	5-8 11	11 16	20 24	B. wins.

Drummond, 4th edition, 1866.

* Drummond says "this beats the A.D.P. This var, is game 336, *Glasgow Herald*, 26/12/74.

a 12-8, 3-12, 11.7, 6-10, Drawn. "Hotspur" Draught Board, page 44; also sent by J. Roberts and R. Home to correct *Herald* game 366; also given by Janvier in his "Sturges," New England Checker Player.

5

15 11	14 18	2 6	20 24	9 6	*Sunderland*
24 20	11 7	10 15	10 19	15 18	*Times,*
11 7	10 14	6 10	24 15	14 10	6/2/80.
3 10	7 2	14 17	13 9	Drawn.	
8 11	6 10	21 14	18 23	A. S. Mackay.	

6

15 19	28 32	27 24	28 32	21 17	32 28
22 18	19 23	32 28	23 26	6 10	B wins.
32 27	18 15	24 20	14 18	20 16	R. A.

"Boston Globe," 10/7/78.   Davies.

7

12 8	9–14 9	7 11	2 6	9 13	11 15
3 12	8–26 23	19 24	10 15	18 23	19 24
11 7	9 6	6 2	6 9	14 18	Drawn.
6 10	23 19	14 18	15 19	24 27	A.D.P.

8

26 22	6 2	10 15	14 18	15 19	Drawn.
9 6	17 13	7 2	6 10	10 15	A.D.P.
22 17	2 6				

9

7 2	2 7	7 10	15 19	10 15	Drawn.
14 18	10 15				A.D.P.

10

14 18	15 8	26 31	6 2	15 18	Walker
21 17	6 15	13 9	22 17	11 15	v.
18 23	8 4	31 26	2 7	18 22	Riley.
17 14	23 26	9 6	17 13	*24 19	
8 11	14 10	26 22	7 11	Drawn.	

* This move took Mr Walker by surprise, and he at once acknowledged the draw.—T.J.R.

VIII.

11 15	27 24	14 18	14 10	22 17	14 18
23 19	14 17	25 22	18 22	6 9	13 9
9 14	21 14	18 25	13 9	17 13	15 19
22 17	9 18	30 21	22 26	9 14	9 6
6 9	31 27	9 14	9 6	31 26	10 7
17 13	5 9	27 24	26 31	4 8	3 10
2 6	20 16	8 11	6 2	26 23	12 8
25 22	10 14	15 8	23 26	8 11	16 11
8 11	19 10	6 15	24 20	23 19	8 3
29 25	12 28	8 4	26 30	A11 15	10 15
4 8	22 15	*14 18	20 16	19 16	B. wins,
24 20	7 11	21 17	30 26	1·32 27	R. M'Cul-
15 24	26 22	18 23	16 12	28 32	loch,
28 19	11 18	17 14	26 22	27 23	*Glasgow*
11 15	22 15	15 18	2 6	32 27	*Herald,*
					5/2/76.

* Mr M'Kerrow's move. He says—"If it does not win you will find *that* stronger than anything published." "I think it will be found to win against every combination on the part of White."—M'Culloch.

A 32-27, 28-32, 11-15, 32-23, 15-24, 1-5, 24-20, 13-9, B. wins.—M'Culloch.

1

2-15 18	32 27	27 23	23 19	19 15	B. wins,
16 11	28 32	32 27	11 16	16 19	M'Culloch.

2

4-12 8	7 3	8 11	11 15	32 23	" Dun-
3 12	3-12 16	16 19	19 24	20 24	donian,
10 7	3 8	15 18	15 11	11 15	*Herald,*
16 20	20 24	24 20	24 27	Drawn	12/2/76.

3

1 5	13 9	A20 24	24 20	20 24	Drawn,
3 7	14 10	7 11	15 19	11 15	" Dun-
					donian."

A 12-16, 7-11, 9-13, 10-14, drawn.—"Dundonian."

4

15 11	1 5	10 15	5-5 9	15 18	9 6
16 7	6-3 7	9 14	16 19	13 17	18 14
12 8	13 9	7 11	9 13	23 26	Drawn,
3 12	14 10	16 20	19 23	17 21	J. Roberts,
10 3	12 16	11 16	14 9	26 22	*Herald,*
					12/2/76.

5

14 17	19 23	22 26	18 23	30 25	J. Roberts,
16 19	20 24	15 19	26 30	19 16	*Herad,*
17 22	23 18	5 9	23 18	Drawn	12/2/66.

6

3 8	9 14	16 19	14 9	30 26	Drawn
13 9	8 11	9 13	18 22	14 18	A. J.
14 10	16 20	19 23	17 26	26 31	Heffner,
12 16	11 16	13 17	23 30	18 15	*Boston*
10 15	5 9	15 18	7-9 14	31 27	*Globe,*
					23/4/78.

7

20 24	8-23 18	32 27	16 20	18 15	Heffner,
30 26	9 6	18 15	7 2	16 12	*Boston*
24 27	26 23	10 7	20 16	15 8	*Globe,*
32 23	6 10	19 16	23 18	12 3	23/4/78.
15-28 32	23 19	27 23	15 11	Drawn.	

8

11-26 22	28 24	15 11	24 27	19 16	10 7
32 28	19 15	14 10	23 19	24 19	B. wins
9-22 18	9 14	11 8	27 24	16 12	Heffner.

9

22 17	17 14	10-10 7	18 15	11 8	4 8
28 24	24 19	9 6	23 19	19 16	10 15
23 18	14 10	7 3	15 11	8 4	B. wins,
9 13	13 9	19 23	6 10	16 12	Heffner.

10

10 14	14 17	17 14	14 7	B. wins,	
9 6	19 23	6 10	23 14	Heffner.	

11

26 31	14 10	13-24 27	28 24	23 19	27 24
9 14	27 24	10 7	32 28	7 11	B. wins,
31 27	32 28	12-27 32	24 27	28 32	Heffner.

12

27 31	31 26	26 22	23 19	19 16	B. wins,
28 24	7 10	24 27	27 23	10 15	Heffner.

13

14-24 19	28 24	23 19	19 16	16 12	B. wins,
10 14	16 20	14 10	10 15	15 11	Heffner.
19 16	24 27				

14

24 20	20 16	16 20	23 19	19 16	B. wins,
11 7	28 24	24 27	7 11	11 15	Heffner.

15

9 14	28 32	14 10	32 27	27 24	Drawn,
16-26 22	22 18	23 19	19 16	16 12	Heffner,

16

23 19	19 16	16 11	11 7	B. wins,
14 18	28 32	18 15	32 27	Heffner,

IX.

11 15	11 15	11 18	18 23	30 26	18 15
22 19	27 24	22 15	17 14	16 12	32 27
9 14	14 17	14 18	15 18	9-26 22	28 32
22 17	21 14	25 22	14 10	2 6	27 24
6 9	9 18	18 25	18 22	1-22 17	32 27
17 13	31 27	30 21	13 9	6 9	16 20
2 6	5 9	9 14	22 26	17 13	15 11
25 22	20 16	27 24	9 6	9 6	B. wins.
8 11	10 14	8 11	26 31	31 26	R.
29 25	19 10	15 8	6 2	4 8	M'Culloch
4 8	12 28	6 15	23 26	26 23	*Glasgow*
24 20	22 15	8 4	24 20	8 11	*Herald,*
15 24	7 11	14 18	26 30	23 18	5/2/76.
28 19	26 22	21 17	20 16	11 16	

1

22 18	2 7	22 17	4 8	22 18	*Glasgow*
2- 6 2	18 22	2 6	26 22	B. wins.	*Herald*
31 26	7 2	17 13	8 11	R. Home.	4/3/76.

2

a- 4 8	26 22	8 11	11 16	7 2	B. wins,
31 26	3- 2 7	18 14	14 9	17 13	R. Home.
b- 6 2	22 17				

a 6-9, 18-15, 9-6, 15-11.—B. wins, R. Home.

b (7) 8-11, (4) 26-22, 6-9, 22-17, 9-6, 18-14.—B. wins, R. Home.

3

8 11	22 17	10 6	1 10	2 6	10 15

Drawn, R. E. Bowen, *Boston Globe,* 26/6/78.

4

18 14	13 9	1 6	9 13	13 22	26 22
11 7	12 8	2 7	19 23	11 16	19 16
5-26 22	3 12	9 14	20 24	22 26	Drawn.
6 2	7 3	15 11	23 26	16 19	Bowen,
22 17	14 7	16 20	14 18	26 31	*Boston*
2 6	3 10	11 15	7 11	19 16	*Globe,*
17 13	12 16	6 9	18 22	31 26	26/6/78.
6 2	10 15	15 19	26 17	16 19	

5

26 23   6 2 6-14 9   12 8   Drawn. Bowen.

6

23 19   2 6   14 17   6 2   19 15   12 8
  Drawn, Bowen.

7

6 9   8 11   10 6   9 6   6 10   10 15
8-26 22   22 17   1 10   10 15   15 19   Drawn.
  R. E. Bowen, *Boston Globe.*

8

26 23   10 6   10 15   19 23   15 19   Drawn.
8 11   1 10   11 16   6 10   32 27   Bowen.
23 19   9 6

9

31 27   28 32   23 26   9 6   2 6   9 6
32 23   2 7   11 16   19 24   18 15   B. wins.
26 19   18 22   22 17   6 2   25 21 J Kirkland
4 8   16 19   16 19   15 18   23 18   *Glasgow*
13-19 23   32 27   17 13   26 30   6 9   *Herald,*
11- 8 11   19 16   7 11   24 27   15 11   4/3/76.
23 18   27 23   13 9   30 25   21 17
10-11 16   16 11   11 15   27 23   11 7

10.

10 6   2 6   6 10   10 6   Bowen,   *Boston*
1 10   10 15   15 19   Drawn. 26/6/78.   *Globe.*

11.

2 6   11 8   9 6   9 14   21 17   18 23
23 18 12-27 24   18 22   10 15   B15 19   c24 28
6 9   8 11   6 9   14 21   17 14   23 19
28 32   A24 20   22 17   16 11   19 24   Drawn.
8 11   11 8   10 7   8 4   14 18 M'Culloch,
32 27   20 16   3 10   11 7   1 6   *Herald,*
  11/3/76.

A If 24-19, 10-6, draws, M'Culloch.

B If 1-6, 12-8, draws, M'Culloch.

o If 6-10, 12-8, draws, M'Culloch.

12.

27	23	11	8	25	21	8	11	1	10	6	10
8	11	22	25	11	8	B21	17	9	6	Drawn,
A18	22	8	11	23	18	C10	6	10	15	M'Culloch,
										11/3/76.

A If 23-26, 10-6, draws. B 18-22, 11-7, 22-17, 9-13, 17-22, 13-9, 21-17, 12-8, etc., drawn, M'Culloch.

C Corrects Mr Home at fifth move of note (B) to var. 2, M'Culloch.

13.

19	16	2	6	20	24	9	14	3	12	15	19
2	7	27	23	14	9	26	22	10	7	Drawn.
28	32	6	9	24	27	14	9	1	5	Drinkwater
8	11	23	19	9	14	22	17	7	2	v. Bell,
16	20	9	14	27	23	9	14	13	9	*Phelan's*
7	2	19	16	14	9	17	13	14	10	*A.C.*
32	27	11	15	23	26	12	8	16	20	*Player,*
										June, 1876.

X.

11 15	27 24	14 18	5-14 10	23 26	7 2
23 19	14 17	25 22	4-18 22	15 11	13 9
9 14	21 14	18 25	2-13 9	26 22	16 19
22 17	9 18	30 21	22 26	11 7	21 17
6 9	31 27	9 14	9 6	31 26	2 7
17 13	5 9	27 24	26 31	20 16	9 6
2 6	20 16	8 11	6 2	26 30	19 15
25 22	10 14	15 8	1-23 26	16 12	1 5
8 11	19 10	6 15	2 7	30 25	
29 25	12 28	8 4	26 30	4 8	B. wins,
4 8	22 15	14 18	7 11	25 21	M'Culloch,
24 20	7 11	9-21 17	30 26	8 11	*Glasgow*
15 24	26 22	18 23	11 15	22 17	*Herald,*
28 19	11 18	17 14	26 23	11 16	5/2/76.
11 15	22 15	7-15 18	24 20	17 13	

1

31 26	26 22	A22 17	B17 14	Drawn, *Herald,*
2 7	7 11	24 19	19 16	M'Culloch, 11/3/76.

A If 22-18, 11-7 draws.

B If 17-13, 11-15 draws.—M'Culloch.

2

24 20	4 8	27 24	15 11	9 5	11 8
22 26	26 22	32 27	31 26	18 14	19 15
20 16	8 11	24 20	11 7	7 2	B. wins,
26 31	23 26	27 24	26 23	14 7	M'Culloch,
16 12	32 27	3-11 15	13 9	2 11	*Herald,*
31 26	28 32	26 31	22 18	24 19	5/2/76.

3

11 7	26 23	7 2	13 14	11 8	1 5
26 31	7 2	15 6	20 16	16 11	B. wins,
7 2	23 18	2 9	24 20	8 4	M'Culloch,
31 26	2 7	22 18	16 11	14 10	*Herald,*
2 7	18 15	9 5	20 16	5 9	5/2/76.

4

23 26	31 26	3 10	14 17	23 32 *Glasgow*
13 9	6 2	2 7	10 14	14 23 *Herald,*
26 31	26 23	10 14	17 22	Drawn, 11/3/76.
9 6	10 7	7 10	32 27	M'Culloch,

5

24 20	27 31	6 2	28 32	8 11	M'Culloch,
23 27	13 9	22 17	16 12	23 18	*Herald,*
32 23	31 26	20 16	32 27	6 2	5/2/76.
18 27	9 6	17 13	4 8	13 9	
6-14 10	26 22	2 6	27 23	B. wins.	

6

20 16	26 23	11 7	27 23	7 2	18 14
27 31	8 11	18 22	7 11	15 6	B. wins.
16 12	23 18	A- 7 11	23 18	2 9	M'Culloch,
31 26	14 10	32 27	11 7	22 18	*Herald,*
4 8	28 32	11 7	18 15	9 5	5/2/76.

A 13-9, 32-28, 9-6, 22 17, 6-2, 17-14.—B. wins.—
M'Culloch.

7

23 26	13 9	18 23	32 23	27 20	2 6
14 10	15 18	6 2	31 27	10 6	Drawn.
26 31	9 6	8-23 27	23 18	1 10	

Anderson's "Third."

8

23 26	2 6	26 23	10 7	16 19	32 23
24 20	22 17	8 11	16 20	15 18	20 24
26 30	6 9	23 19	7 3	24 20	11 15
20 16	17 13	11 15	12 16	11 15	Drawn.
30 26	9 14	19 16	3 8	19 24	Anderson's
16 12	31 26	12 8	20 24	15 11	"Third."
26 22	4 8	3 12	8 11	24 27	

9

24 20	28 32	8 11	23 26	13 9	M'Culloch,
18 23	16 12	15 19	A-21 17	25 21	*Herald,*
20 16	32 27	11 16	26 30	17 13	5/2/76.
23 27	4 8	19 23	19 16	18 14	
32 23	27 18	16 19	30 25	B. wins,	

A If 19-16, B. wins by 18-14.—M'Culloch.

10

15 18	22 26	31 26	22 17	28 32	27 23
24 19	19 15	9 6	2 6	27 23	19 16
18 22	26 31	26 22	17 13	32 27	23 18
13 9	15 10	6 2	32 27	23 19	B wins.

R. A. Davis, *Boston Globe.*

That is the whole of the previously-published play
in my possession. What follows is, for anything I
know to the contrary, entirely original.

THOMAS J. RILEY.

ORIGINAL PLAY.

By T. J. RILEY.

I.

11 15	15 24	6 16	2–11 16	27 31	32 28
23 19	28 19	13 6	6 10	25 21	22 17
9 14	11 15	12 28	8 12	28 32	27 24
22 17	27 24	1–27 24	10 15	30 25	19 23
6 9	14 17	1 10	18 23	32 27	24 19
17 13	21 14	24 19	26 19	25 22	23 16
2 6	9 18	15 24	16 23	3 7	12 19
25 22	31 27	22 6	15 19	19 23	15 10
8 11	5 9	14 18	23 27	27 32	Drawn.
29 25	20 16	6 2	32 23	18 15	
4 8	10 14	7 11	24 27	31 27	
24 20	19 10	2 6	23 18	23 19	

1

6 2	24 19	15 10	30 21	32 16	22 18
7 11	15 24	8 12	16 19	12 19	32 27
27 24	22 15	25 22	21 17	26 22	18 14
11 16	14 18	18 25	24 27	28 32	Drawn.

2

11 15	18 27	12 16	27 31	32 27	20 24
6 10	32 16	25 22	17 14	10 6	5 1
15 19	8 12	24 27	28 32	16 20	Drawn.
26 23	16 11	22 17	14 9	9 5	

II.

11 15	4 8	5 9	14 18	3-8 15	27 23
23 19	24 20	20 16	A-27 24	23 18	17 14
9 14	15 24	10 14	B-18 23	15 19	23 18
22 17	28 19	19 10	5-25 22	30 25	14 10
6 9	11 15	12 28	23 27	6 15	18 14
17 13	27 24	22 15	32 23	13 6	20 16
2 6	14 17	7 11	28 32	1 10	Drawn.
25 22	21 14	26 22	24 20	18 11	
8 11	9 18	11 18	32 27	1-10 15	
29 25	31 27	22 15	4-15 11	22 17	

A The play to this point is Drummond's.

B New move; Drummond plays 9-14. At one time I thought White could not draw after this move. I still think it stronger than the old play.

1.

2-10 14	22 17	27 23	11 7	19 15	7 2
25 21	14 18	21 17	3 10	17 13	Drawn.
19 24	17 14	23 19	14 7	15 10	

2.

27 23	7 2	19 23	6 9	30 26	9 13
11 7	23 18	2 6	26 30	17 14	Drawn.
10 15	22 17	23 26	25 21	26 22	

3.

6 15	13 6	1 10	11 4	27 25	30 21

4.

Drawn.

23 18	20 4	22 18	21 17	18 15	9 2
27 23	9 14	17 22	26 30	26 23	18 11
15 11	c-30 25	25 21	17 14	14 9	B. wins,
23 16	14 17	22 26	30 26	23 18	

c If 30-26, 6-9, wins for Black.

5.

24 20	28 32	11 4	3 10	21 14	6 9
8-9 14	D-23 19	23 16	15 11	10 17	Drawn.
20 16	32 27	25 21	19 16	4 8	
23 27	6-16 11	16 19	11 7	16 11	
32 23	27 23	E-10 7	14 17	18 15	

D 25-22 at this point would lose by the following pretty stroke and forms Problem 678.

Solution—

6 9	14 18	3 7	1 26	32 27	27 20
13 6	23 14	10 3	3 12	30 23	B. wins.

E If 30-25, 19-23, 25-22, 23-18, Black wins.

If 30-26, 14-18, 21-17, 1-5, Black wins.

6.

7-25 21	30 26	10 7	16 12	12 3	F-15 11
27 23	23 30	3 10	30 26	14 18	10 15
					Drawn.

F If 3-7, 26-23, Black wins.

7.

13 9	G-14 17	25 18	10 14	6 2	10 6
6 13	2 6	23 14	1 5	H-14 10	9 5
10 6	8 12	6 1	17 22	21 17	6 1
1 10	6 2	14 10	5 1	31 26	B. wins.
15 6	3 8	30 25	22 26	17 13	
27 23	2 6	13 17	1 6	26 23	
6 2	17 22	25 21	26 31	13 9	

G If 8-12, 16-11, Drawn.

H If 31-26, 19-15, 12-19, 15-10, drawn.

8

23 27	8 12	18 20	25 30	26 23	16 20
32 23	30 25	9 2	18 14	9 6	7 16
28 32	J- 9 14	17 21	16 19	23 18	20 11
*1320 16	22 18	25 22	9-14 9	11 8	B. wins.
11-32 27	14 17	20 16	19 16	18 15	
23 19	18 14	19 15	2 7	8 4	
27 23	23 18	21 25	30 26	15 11	
25 2210-14 9	22 18	15 11	6 2		

* 25-22 draws here, same as trunk.

J The only move to win at this point. 23-18 would
admit of a neat draw thus—15-11, 6-24, 13-6, 1-10,
22-6, 12-19—drawn, while 23-27 would be no better,
thus—

16 11	11 7	15 11	13 6	7 2	2 18
27 23	23 16	6 15	1 10	16 7	Drawn.

9

15 11	2 6	11 7	7 2	10 3	B. wins.
12 16	19 15	15 11	3 7	1 17	

```
                         10
16 11    11  7    25 22    7  2    2  9   B. wins.
18  9    17 21    21 25    9  5    5  7
                         11
 3  7    27 20    14 17   21 25   30 26   Drawn.
10  3 12-25 22    22 18   22 17   18 15
32 27     9 14    17 21   25 30   26 23
 3 12    30 25    25 22   17 14   14  9
                         12
25 21    14 18    17 14  L-24 27   11 15   Drawn.
 9 14    21 17    20 24    8 11   31 22
30 26     1  5  K-12  8   27 31   14 10
```

K 12-16 would lose thus—24-19, 15-24, 18-27, 26-23, 27-31, 23-19, 31-27, 19-15, 27-23—B. wins.

L 24-19 only draws thus—8-11, (m) 18-23, 14-10—Drawn.

M If 19-15 here 26-22 would win for White.

```
                         13
23 19   N8  4    20 16  O26 22   11 15    6  1
 8 11    32 27   27 24   10 14   10 19   10 14
15  8 14-30 26   16 12   22 17   17 10   B. wins
 6 24    24 28   24 19   15 10   19 15   by first
13  6    25 21    4  8    8 11   10  6   position.
 1 10    28 32   19 15   32 27   15 10
```

N Forms problem 677. Solution follows.

O If 21-17, 32-27, 17-13, 27-31, 26-22, 31-26, 22-17, 26-22, B. wins.

```
                         14
25 22    23 19    22 17   31 26    7  2    6  1
27 23    16 12    15 10   11  7    6  1
30 25    19 15     4  8   26 22   13  9   B. wins.
24 27    25 21    27 31   17 13    1  6
P20 16   10 14     8 11   10  6    9  5
```

P If 25-21, 10-15, 20-16, 23-18, 22-17, 27-31, Black wins.

In conclusion I may say that the foregoing variations form but a small portion of those that I have examined on this new line of play, but I think they are sufficient to show that the 31-27 line of the "Souter" is, in the words of the late R. E. Bowen, "a true draw, and cannot be won."

THOMAS J. RILEY.

DISTINGUISHING MOVES.

PLAY BY T.J.R.

ERRATA.

Page 26—Second move, for 22-19 read 23-19.
  ,, 31—25th move, for 6-16 read 6-15.